Führer durch den PETERSDOM

W0314587

FOTOGRAFIEN UND TEXT VON GIANFRANCO CRIMI

Futura Edizioni

Umschlagfoto: Mittelschiff und Baldachin
Umschlagrückseite: Die Statue des Heiligen Petrus vor der Basilika
Die Zeichnungen sind von Angela Foschini
Übersetzung: Helmut Schulze

© 2007 FUTURA EDIZIONI
E-Mail: futured@tiscali.it
http://web.tiscali.it/futuraedizioni
00156 Rom
Via Costantino Mortati, 130
Tel. 06.41218931
Fax 1786004690

Alle Rechte vorbehalten.
Jede vollständige oder teilweise Wiedergabe ist unabhängig von dem Mittel, mit dem sie erfolgt, ohne die Zustimmung des Verlags verboten.

Inhalt

Das rechte Seitenschiff **45**

Das rechte Querschiff **56**

Die Apsis **61**

Das linke Querschiff **71**

Das linke Seitenschiff **76**

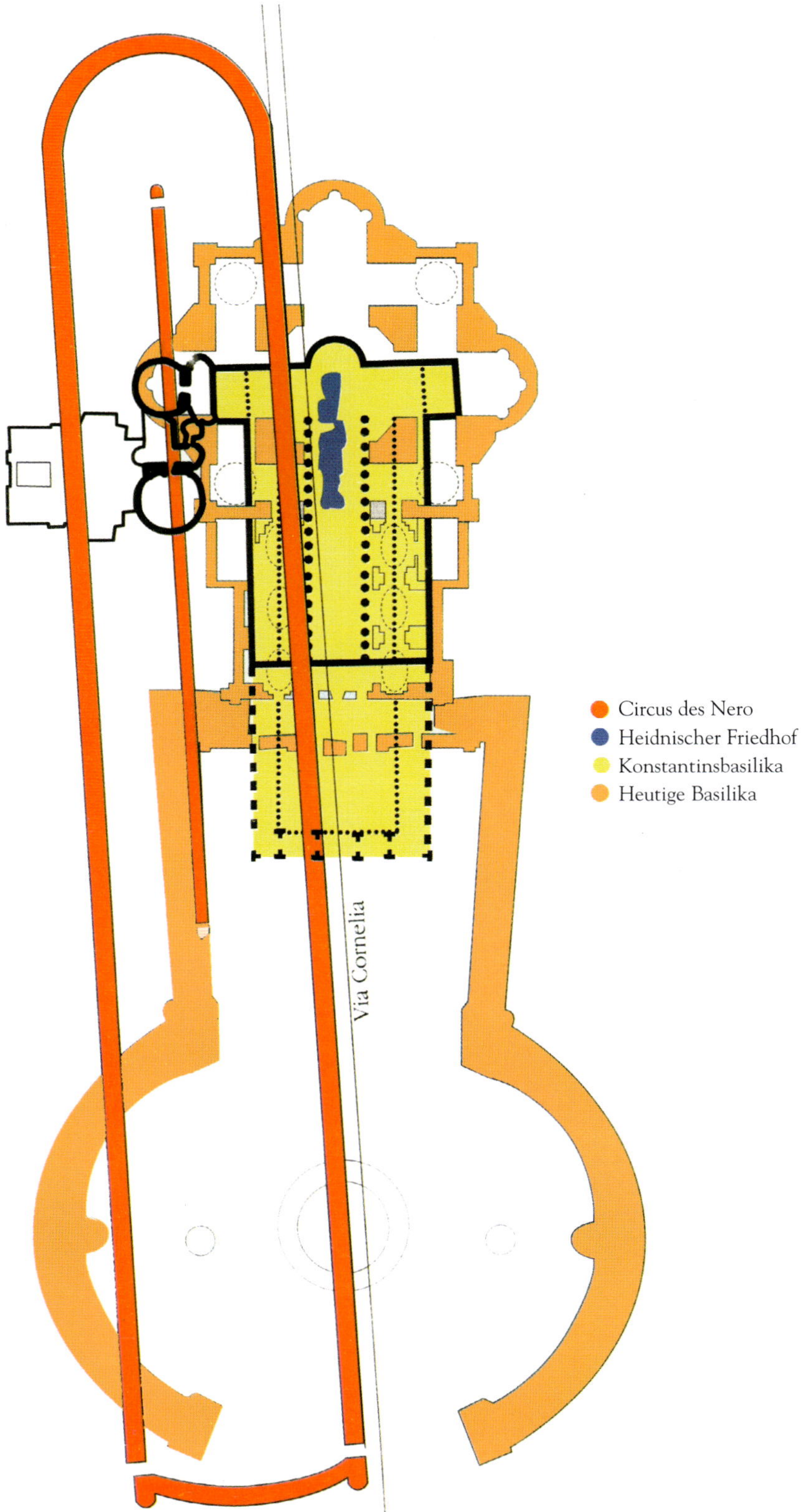
Circus des Nero
Heidnischer Friedhof
Konstantinsbasilika
Heutige Basilika
Via Cornelia

Die Geschichte

Die Ursprünge der Peterskirche beginnen mit der Feuersbrunst von 64 v. Chr., als der zu Unrecht als deren Urheber verdächtigte Kaiser Nero den Christen die Schuld dafür gab: einer neuen religiösen Sekte.
Es kam daraufhin zu einer gewaltsamen Verfolgung, wobei die Christen das Martyrium im Circus des Nero erlitten, der sich am Fuß des Vatikanischen Hügels befand, wo jetzt der Petersdom steht. Zu den Märtyrern gehörte auch der Apostel Petrus, der in einer nahe gelegenen Nekropole begraben wurde. Das Grab wurde zum Gegenstand der Verehrung und wurde um 160 in Form einer Ädikula erweitert, wie die auf den Ziegeln eingeprägten kaiserlichen Stempel bezeugen. Bei den ab 1939 durchgeführten Grabungsarbeiten wurde auch eine rot verputzte Mauer gefunden, auf der sich unter den anderen eingeritzten Inschriften auch die Buchstaben «Petr en» fanden, die unter Ergänzung der Lücken auf griechisch zu «Petros eni» werden, was übersetzt «Petrus ist hier» bedeutet.

Rekonstruktion des Grabes des hl. Petrus. **Zeichnung von Angela Foschini**

Modell der Konstantinsbasilika

Der Kaiser Konstantin beschloss nach dem Sieg über Maxentius an der Milvischen Brücke im Einvernehmen mit Papst Silvester I., gerade an jener Stelle eine große Basilika zu bauen; um dies durchzuführen ließ er gewaltige Abtragungsarbeiten am Vatikanischen Hügel vornehmen, und 326 wurde sie eingeweiht. Sie wurde 349 von Constans fertiggestellt, dem Sohn Konstantins, und hatte fünf Schiffe, davor einen Quadriportikus, zu dem man über eine Treppe mit fünfunddreißig Stufen gelangte. Sie dauerte etwa zwölf Jahrhunderte, bis wegen der erlittenen Plünderungen und der Aufgabe in der avignoneser Zeit Papst Nikolaus V. Parentucelli (1447-1455) in der Überzeugung, dass keine Restaurierungen mehr möglich sind, Leon Battista Alberti beauftragte, ein Projekt für eine neue Basilika auszuarbeiten, und er ernannte Bernardo Gamberelli genannt Rossellino zum Leiter der Arbeiten. Das gerade erst begonnene Unternehmen wurde durch den plötzlichen Tod des Papstes unterbrochen. Seine Nachfolger machten mit wenig Überzeugung weiter, bis Julius II. Della Rovere einen neuen Impuls gab, indem er das Projekt dem Architekten Donato Bramante anvertraute, der für eine Kirche mit dem Grundriss eines griechischen Kreuzes optierte, d.h. mit gleich langen Armen. Dieses Projekt kam nicht zustande, weil sowohl der Papst als der Architekt starben. Es folgten verschiedene Künstler wie Giuliano da Sangallo, Raffaello Sanzio, Giocondo da Verona, Baldassare Peruzzi, Antonio da Sangallo: Letzterer ließ ein Holzmodell seines Projekts ausführen, das noch heute in der «Fabbrica» der Peterskirche aufbewahrt ist.

Fassade und Portikus der Konstantinsbasilika.
Zeichnung von Angela Foschini

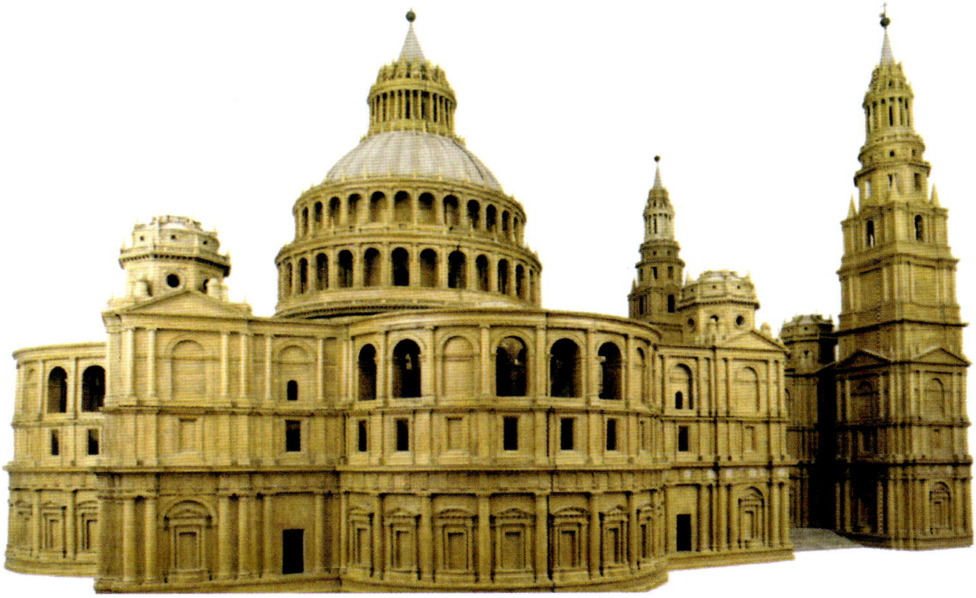

Holzmodell von Antonio da Sangallo d.J.

Paul III. Farnese bestätigte den Auftrag an Sangallo, doch dessen Tod 1546 ließ ihn den mittlerweile siebzigjährigen Michelangelo herbeirufen, um ihm das Amt des Architekten der «Fabbrica» der Peterskirche anzuvertrauen. Er gab das Projekt Sangallos auf und kehrte zu dem Bramantes zurück, vereinfachte es jedoch. Bei seinem Tod waren die Arbeiten bis zum Tambour der Kuppel fortgeschritten, und seinen Platz nahm Pirro Ligorio ein, dem Jacopo Barozzi genannt Vignola zur Seite gestellt wurde. Es folgte Giacomo Della Porta, assistiert von Domenico Fontana, der den Bau der Kuppel 1590 fertigstellte. 1605 schrieb Papst Paul V. den Wettbewerb für die neue Fassade aus, der von Carlo Maderno gewonnen wurde; desgleichen gab man das griechische Kreuz des Bramante-Projekts auf und optierte für den Grundriß mit lateinischem Kreuz mit dem längeren vertikalen Arm, weil sich sowohl der Geschmack der Zeit geändert hatte, als um den liturgischen Bedürfnissen nachzukommen, damit in der Basilika auch Prozessionen stattfinden konnten.

Die Arbeit Madernos zog sich bis 1615 hin, als sich am Palmsonntag die Kirche in der Form präsentierte, wie wir sie heute sehen.

Beim Tode Madernos ernannte Urban VIII. Gian Lorenzo Bernini zum Architekten und Leiter der Arbeiten, und mit ihm fanden die großen Arbeiten an der Peterskirche ihr Ende. Es folgten Carlo Fontana und Luigi Vanvitelli, der ein ernstes Problem im Zusammenhang mit Schäden an der Kuppel zu lösen hatte.

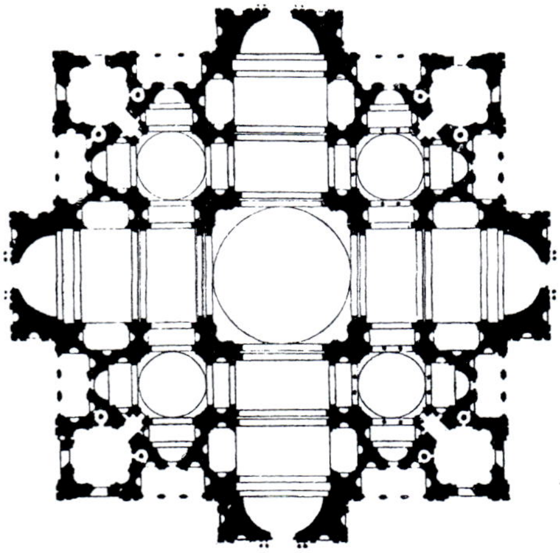

Grundriss mit griechischem Kreuz
nach dem Projekt Bramantes

Der Platz

Die Anlage des Platzes erfolgt auf Geheiß von Papst Alexander VII., damit feierlichere Gottesdienste in der Anwesenheit zahlreicher Gläubiger abgehalten werden können. Er beauftragte Gian Lorenzo Bernini, der an eine Kolonnade mit elliptischer Form dachte, die wie eine Umarmung sein sollte, so jedenfalls seine allegorische Absicht.

Die Arme sind 120 m lang und 17 m breit; der linke trägt seinen Namen nach Karl dem Großen und der rechte nach Konstantin, von dem aus man über die Freitreppe in den Vatikanpalast gelangt.

Oberhalb sind 140 Statuen aufgestellt, die die Verteidiger des Glaubens, die Gründer der religiösen Orden, Päpste, Bischöfe, Kirchenväter, Heilige und Märtyrer darstellen.

Die Scala Regia

Der Petersplatz vor Sonnenuntergang

Brunnen des Bernini auf der linken Seite des Platzes

Detail des Bernini-Brunnens, das Wappen ist dasjenige Clemens' X

Den Brunnen rechts ließ Innozenz VIII. 1490 aufstellen, und 1614 arbeitete ihn Maderno um; links ließ Bernini einen fast identischen Brunnen symmetrisch zum Obelisken aufstellen, der 1675 eingeweiht wurde. Sie haben ein größeres Brunnenbecken aus einem einzigen Granitblock orientalischer Herkunft, dessen Umfang 16 m beträgt.

Brunnen des Maderno auf der rechten Seite des Platzes

Detail des Maderno-Brunnens, das Wappen ist dasjenige Pauls V.

Carlo Fontana. Der Transport des Obelisken zum Petersplatz

Der 25 m hohe Obelisk aus rotem Granit wurde von Kaiser Caligula aus dem ägyptischen Heliopolis nach Rom geholt und in seinem Circus aufgestellt, der später zum Circus des Nero wurde. 1586 beauftragte Sixtus V. den Architekten Domenico Fontana, ihn in der heutigen Position aufzustellen. Das technisch waghalsige Unternehmen dauerte vier Monate und führte zum Einsatz von Tausenden von Männern, von 4000 Pfund Hanfseilen und Eisen, von 140 Pferden und 44 Winden.

Detail vom Sockel des Obelisken mit den antiken römischen Inschriften, die dem «divo Augusto» und dem «divo Tiberio» gewidmet sind

Der Apostel Petrus

Der Apostel Paulus

Zwischen dem Obelisken und den Brunnen zeigen zwei Scheiben aus Porphyr das Zentrum der Ellipse an, von denen aus man die genaue Ausrichtung der vierfachen Säulenreihen mit ihren insgesamt 284 Säulen beobachten kann.

Die vier von Antonio Sarti enworfenen Laternen wurden unter Pius IX. 1854 aufgestellt; ebenso die Statuen des hl. Petrus von Giuseppe De Fabris und des hl. Paulus von Adamo Tadolini, die ursprünglich für die Basilika San Paolo gedacht waren. Kürzlich wurde in das Pflaster ein kleiner Stein eingelassen, der an die Stelle erinnert, an der Johannes Paul II. 1981 das Attentat erlitt.

Die Fassade

Sie ist das Werk Carlo Madernos, der jedoch die bereits errichteten seitlichen Mauern des Projekts von Michelangelo zu berücksichtigen hatte. Sie ist 45,50 m hoch und 117,70 m lang; gegliedert wird sie durch acht Säulen von 27 m Höhe und 4 Lisenen im korinthischen Stil, die das Hauptgesims tragen. Auf der Balustrade stehen 13 Statuen, die Christus den Erlöser, Johannes den Täufer und 11 Apostel darstellen.

In der Mitte befindet sich die Benediktionsloggia, so genannt, weil von hier aus der Papst seinen Segen «Urbi et orbi» erteilt, also der Stadt und der Welt. Unterhalb der Loggia das Basrelief von Ambrogio Buonvicino, «Die Übergabe der Schlüssel». Ursprünglich sollten an beiden Seiten Glockentürme errichtet werden, um die horizontale Ausdehnung der Fassade leichter zu gestalten, doch Maderno musste die Arbeiten aufgeben, weil der Erdboden nachgab, als noch nicht einmal die Höhe der Fassade erreicht war. Ohne die von Maderno angetroffenen Schwierigkeiten zu berücksichtigen, plante Gian Lorenzo Bernini erneut die Errichtung der Glockentürme. Das Projekt wurde bewiligt. Nach dem Beginn der Arbeiten traten jedoch an den Fundamenten ernsthafte statische Probleme auf, was zum Abbruch der Arbeiten und zum Abriss des bereits Errichteten führte. Von diesen Bauten bleiben die Durchgangsbogen, die scheinbar ein Teil der Struktur sind, während sie laut Projekt von dieser getrennt sein sollten. Die Aufschrift gibt 1612 als Jahr für den Abschluss der Arbeiten an, doch dauerten sie noch zwei weitere Jahre mit der Anbringung des Hauptgesimses und der Statuen auf der Balustrade. Zwischen 1786 und 1790 wurden die beiden Uhren mit Mosaik-Ziffernblatt angebracht, die von Giuseppe Valadier entworfen wurden.

Die Benediktionsloggia

Die Übergabe der Schlüssel von Ambrogio Buovincino

Die Vorhalle

Auch die Vorhalle ist ein Werk Carlo Madernos, der 26 Jahre lang Architekt der «Reverenda Fabbrica» des Petersdoms war, der Dombauhütte. Das Gewölbe ist mit Stuck nach Entwürfen von Giovan Battista Ricci aus Novara dekoriert, und erzählt wird die Geschichte der Apostel Petrus und Paulus. An den Seiten der Lünetten stellen einunddreißig Statuen die ersten Märtyrerpäpste dar.

Konstantin

Oben auf dem Hauptgesims über dem Mittelportal sieht man das Mosaik der «Navicella», ausgeführt von Giotto im 14. Jahrhundert für den Kardinal Stefaneschi, der unten rechts porträtiert ist. Nachdem es an verschiedenen anderen Stellen angebracht war, wurde es hier zum Jubeljahr 1675 wieder zusammengesetzt und bewahrt nur noch wenige Originalteile von Giotto.

Karl dez Große

Rechts sehen wir eine Reiterstatue Berninis, die Konstantin darstellt und hier am 30. Oktober 1670 am Anfang der Freitreppe auf Geheiß Clemens' X. Altieri aufgestellt wurde. Links steht als Gegenpart eine weitere, die Karl den Großen darstellt, den Kaiser des Heiligen Römischen Reiches, die Clemens XI. bei Agostino Cornacchini (1686-1784) in Auftrag gab. Sie wurde aus einem einzigen Block aus Carrara-Marmor geschaffen und am 30. März des Jubeljahres 1725 aufgestellt.

Die Türen

Die Türen

Lie älteste befindet sich in der Mitte. Sie wurde von Papst Eugen IV. Condulmer bei Antonio Averulino genannt Filarete in Auftrag gegeben. Die Bildfelder im oberen Teil zeigen Christus den Erlöser und die Muttergottes; die hll. Paulus und Petrus, wobei letzterer dem knienden Eugen IV. die Schlüssel übergibt; das Urteil und die Enthauptung des hl. Paulus; den Heiligen, wie er der Plautilla erscheint, und die Kreuzigung des hl. Petrus.

Kreuzigung des Apostels Petrus

Martyrium des Apostels Paulus

Petrus übergibt die Schlüssel an Papst Eugen IV.

Die «bizarre» Signatur des Künstlers: Der Meister zu Pferd, ihm voran seine Helfer und Schüler

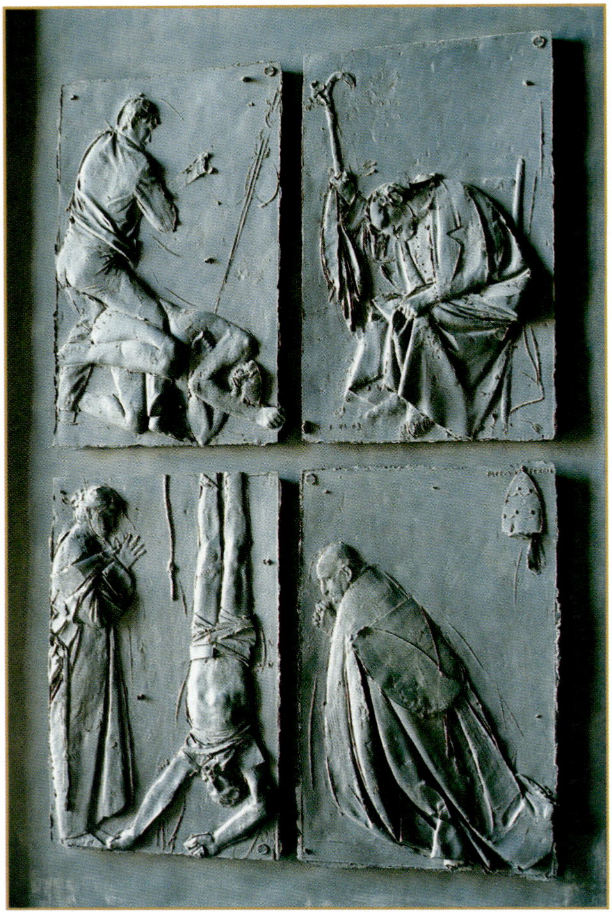

Detail der Tür des Todes, auf deren letzter Tafel Johannes XXIII. dargestellt ist

Die Kardinäle huldigen Johannes XXIII.

Die Signatur von Giacomo Manzù auf der Rückseite der Tür

Die erste Tür links, die sogenannte Tür des Todes, weil durch sie die Leichenzüge die Kirche verließen, ist ein Werk von Giacomo Manzù (1908-1991); er führte sie zwischen 1961 und 1964 aufgrund eines Auftrags von Papst Johannes XXIII. (1958-1963) aus, seinem Landsmann, der auf ihr auch dargestellt ist, und sie beschäftigt sich gerade mit dem Thema des Todes. Im hinteren Teil sind die Kardinäle dargestellt, die am II. Vatikanischen Konzil teilnahmen, darunter Laurean Rugambwe, der erste von Johannes XXIII. ernannte farbige Kardinal. Die Signatur des Künstlers ist auf der offenen Handfläche sichtbar. Johannes XXIII. erlebte die Fertigstellung nicht, und sie wurde am 28. September 1964 von Paul VI. eingeweiht.

Die zweite Tür, die des Guten und des Bösen, ist ein Werk Luciano Minguzzis und wurde am 26. September 1977 zum achtzigsten Geburtstag Pauls VI. eingeweiht. Auf dem linken Flügel sind Episoden dargestellt, die sich auf das Böse beziehen; auf das Gute bezieht sich der rechte.

Detail der Tür des Guten und des Bösen von Luciano Minguzzi

Die vierte, die der Sieben Sakramente, stammt von Venanzio Crocetti und wurde von Paul VI. am 14. September 1965 eingeweiht.

Die Porta Sancta

Jesus verheißt einem der Übeltäter das Paradies

Die letzte, die Porta Sancta, stammt von Vico Consorti und behandelt das Heilsthema. Sie wurde 1949 angebracht, und der schweizer Kardinal Francesco von Streng schenkte die Bronzeflügel im Namen der schweizer Katholiken als Dank dafür, dass sein Land vom Zweiten Weltkrieg verschont geblieben ist.

Die Tafeln stellen von oben links ausgehend dar:

1) Der Cherubin an der Pforte des Paradieses.
2) Die Vertreibung Evas aus dem Paradies.
3) Mariä Verkündigung.
4) Der Engel der Verkündigung.
5) Jesu Taufe.
6) Das verirrte Schaf.
7) Der barmherzige Vater.
8) Heilung des Lahmen.
9) Die Vergebung der Sünderin.
10) Die Pflicht der Vergebung.
11) Die Verleugnung des Petrus.
12) Das Paradies für einen Dieb.
13) Die Erscheinung vor Thomas.
14) Die Erscheinung des Auferstandenen. beim Abendmahl.
15) Die Erscheinung des Auferstandenen vor Saul.
16) Das Öffnen der Porta Sancta.

Jesus stürzt Paulus vom Pferd

Das Innere

Das Innere

Im Mittelschiff lenken sogleich zwei Weihwasserbecken die Aufmerksamkeit auf sich, die eine sehr direkte Vorstellung von den Proportionen der Basilika vermitteln, da sie 2 m hoch sind. Sie wurden 1725 von Agostino Cornacchini, Francesco Moderati (links), Giuseppe Lironi und Giovan Battista de' Rossi (rechts) ausgeführt.

Etwas weiter bemerkt man vor der Mitteltür auf dem Fußboden eine große Scheibe aus rotem Porphyr, die aus der alten Peterskirche stammt, in der sie sich in der Nähe des Hochaltars befand. Hierauf erhielt Karl der Große die Krone des Heiligen Römischen Reiches aus den Händen von Papst Leo III. in der Weihnachtsnacht des Jahres 800. Weitergehend sieht man auf dem Fußboden die Maße der 15 größten Kirchen der Welt, die mit Bronzelettern wiedergegeben sind.

Das Mittelschiff

ET QVODCVMQVE SOLVERIS
IN COELIS

Das Projekt Michelangelos sah keine Dekorationen vor und überließ die Einheitlichkeit des Projekts allein den architektonischen Linien und Elementen. Doch mit der Verlängerung des Längsschiffs erschien die Kirche eher kahl und vermittelte ein Gefühl übermäßiger Kälte und Strenge.

Innozenz X. vertraute das Dekorationsprojekt für die Schiffe Gian Lorenzo Bernini an, und dieser griff bei der Ausführung auf gut und gern 41 Mitarbeiter zurück. Auf dem Fußboden stellt das große Medaillon mit der Taube das Papstwappen dar. An den Pilastern stellen die von Putten getragenen Medaillons die ersten 56 Märtyrerpäpste dar: von Petrus bis Benedikt I. (575-579). In der Mitte trägt ein anderes Puttenpaar die Symbole der päpstlichen Autorität: Schlüssel, Tiara und Bücher.

Mittelschiff: Das Wappen von Innozenz X.

Putten tragen die Medaillons der Päpste, die Schlüssel und die Tiara

Allegorien der Tugenden: Der Glaube

Zwischen 1647 und 1649 begann Bernini auch mit der Bogendekoration und ließ 6 m hohe Statuen modellieren, die die Tugenden darstellen. Zwischen 1714 und 1718 vervollständigte Lorenzo Ottoni das Projekt mit neuen Allegorien, so daß die Zahl auf insgesamt 28 stieg.

Die Decke ist aus vergoldetem Stuck und trägt das Wappen Pius VI.

Allegorie der Tugenden

Heraldisches Wappen Pius' VI.

Der hl. Franziskus von Carlo Monaldi

Der hl. Filippo Neri von Giovan Battista Maini

An den großen Pilastern öffnen sich zwischen den Lisenen zwei Nischenreihen, die 39 Statuen enthalten, die Gründer von religiösen Orden und Kongregationen darstellen. Sie wurden ab 1706 hier aufgestellt.

Der hl. Norbert von Pietro Bracci

Der hl. Domenico Guzman, 1706 von Pierre Legros gemeißelt

Der hl. Vincenzo de Paul
von Pietro Bracci

Der hl. Elias von Agostino
Cornacchini

Der hl. Jean Baptiste de La Salle

Der hl. Bruno

Der hl. Camillo de Lellis

Die hl. Francesca Cabrini

Der hl. Benedikt von Norcia

Der hl. Ignatius von Loyola

Der hl. Pietro d’Alcantara

Der hl. Petrus

Weitergehend sehen wir rechts die Bronzestatue des Petrus, die Arnolfo di Cambio (1245-1310) zugeschrieben wird. Ein aufmerksame Untersuchung der benutzten Technik und der eingesetzten Metall-Legierungen bestätigt die Vereinbarkeit mit den Techniken jener Zeit. Die Verehrung, deren sich die Statue erfreut, wird deutlich an dem Verschleiß der Fußspitze, die von den Gläubigen geküsst und berührt wird.

Marmorbalustrade mit den 89 Flammen in Füllhörnern aus vergoldeter Bronze

Nun haben wir vor uns die große Confessio, die sich direkt über dem Grab des hl. Petrus befindet. Auf der sie umgebenden Marmorbalustrade brennen ständig 89 Flammen in Füllhörnern aus vergoldeter Bronze, die von Mattia de' Rossi entworfen wurden. Zwei Rampen führen in einen reich mit Mamor dekorierten Raum, in dessen Mitte sich ein von Nicolas Cordier und Onorio Fanelli ausgeführtes Gitter und zwei Statuen der heiligen Petrus und Paulus befinden, die von Ambrogio Buonvicino ausgeführt und von Biagio de Giusti vergoldet und gegossen wurden. Wir befinden uns auf dem Niveau der Konstantins-Basilika; hier ist das Heiligtum, unter der das Grab des hl. Petrus liegt, und hier wurde der Stein mit der griechischen Aufschrift «Petros eni» gefunden. In der Mitte befindet sich die «Nische der Pallien», die in einer Bronzeschatulle enthalten sind; es handelt sich um Stolen aus der Wolle der Lämmer, die während des Festes der hl. Agnes gesegnet wurden, und sind mit schwarzen Kreuzen bestickt. Der Papst schenkt sie jedes Jahr einigen Erzbischöfen.

Der Baldachin, die Confessio und die Nische der Pallien

Nische der Pallien und Mosaik aus dem 9. Jahrhundert

Detail einer Putte auf einer der vier Säulen des Baldachins

Das Mosaik aus dem 9. Jahrhundert stellt den Erlöser dar und ist das einzige Element der alten Peterskirche, das sich immer noch an derselben Stelle befindet.

Im Mittelpunkt sehen wir den Papstaltar, der aus einem großen Marmorblock gearbeitet ist, den man im Forum des Nerva fand; er wurde von Clemens VIII. am 26. Juni 1594 geweiht, und er umschliess den Altar Calixtus' II. von 1123. Darüber erhebt sich der herrliche Baldachin aus Bronze von Gian Lorenzo Bernini, den Urban VIII. bei ihm in Auftrag gab. Er arbeitete von 1624 bis 1633 daran und setzte 623 Doppelzentner Metall ein. Die vier gewundenen, mit Olivenzweigen und Cherubim dekorierten Säulen ruhen auf vier Marmosockeln, in deren Mitte eine Sequenz der Mutterschaft eingemeißelt ist: die Bienen stellen das Symbol der Familie Barberini dar, der Urban VIII. entstammte. Vier Engel schweben über dem Baldachin, die das Werk von François Duquesnoy, Andrea Bolgi und Giuliano Finelli sind; weitere acht kleinere halten die Symbole des Papstes: die Schlüssel und die Tiara, das Buch und das Schwert. Über allem dominiert das Kreuz auf der Erdkugel. Auch wenn er in dieses Ambiente eingefügt ist, hat man doch Mühe zu glauben, dass seine Höhe von 29 m derjenigen des Palazzo Farnese entspricht. Die Großartigkeit der Arbeit blieb nicht unkritisiert, insbesondere was die Methode betrifft, mit der Urban VIII. die bemerkenswerte Menge an Bronze beschaffte. Er ließ die Rippen von der Kuppel nehmen und eine eben so große Menge ließ er aus Venedig und Livorno kommen; da das nicht reichte, zögerte er nicht, die Krampen aus dem Atrium des Pantheon entfernen zu lassen. All dies inspirierte Pasquino, die berühmte sprechende Statue, zu dem bekannten Satz: «Quod non fecerunt barbari, Barberini fecerunt» (Was die

Barbaren nicht taten, das taten die Barberini). Eine weitere exzentrische Folge dieser «Schenkung» waren zwei Glockentürme, die an den Seiten des Pantheon errichtet wurden, und die mit beißendem Spott vom römischen Volk als die «Eselsohren Berninis» bezeichnet wurden. Sie wurden ohne Bedauern 1883 abgerissen.

Putten mit der Tiara und den Schlüsseln

Das Kreuz auf dem Baldachin

Papstaltar

Einer der vier Engel oben auf dem Baldachin

Dieses herrliche Werk wird überragt von der spektakulären Kuppel, die auf vier enormen Pilastern von 45 m Höhe ruht und im Umfang 71 m misst.

HINC SACERDO

Der Evangelist Johannes

Der Evangelist Matthäus

Der Evangelist Lukas

Die vier Medaillons von 8,5 m Durchmesser stellen die vier Evangelisten dar: Matthäus mit dem Ochsen, Markus mit dem Löwen, ausgeführt von Cesare Nebbia und Paolo Rossetti; Lukas mit dem Stier und Johannes mit dem Adler, ausgeführt von Giovanni de' Vecchi.

Innerhalb des Tambours besagt die lateinische Inschrift: «Du bist Petrus und auf diesem Felsen will ich meine Kirche bauen, und dir werde ich die Schlüssel des Himmelreiches geben».

Der Evangelist Markus

Die Kuppel ist in 16 Rippen unterteilt, die mit Mosaiken dekoriert sind, die von außen nach innen folgendes darstellen:

1) Die Büsten von Patriarchen und Bischöfen.
2) Christus, die Jungfrau Maria, Johannes der Täufer, Paulus und die Apostel.
3) Engel mit den Werkzeugen der Passion Christi.
4) Medaillons mit Gesichtern von Seraphim und Cherubim.
5) Engel, die auf das Grab des hl. Petrus schauen.
6) Gesichter geflügelter Seraphim, und in der Laterne das Bild Gott Vaters.

Die Lateinische Aufschrift auf dem Ring vor der Laterne lautet: «Zum Ruhme des hl. Petrus, Papst Sixtus V., im Jahre 1590, im fünften Jahr seines Pontifikats». Sie wurde auf Geheiß Clemens' VIII. Aldobrandini zur Erinnerung an seinen Vorgänger angebracht, dem Förderer des Kuppelbaus. Die Dekoration wurde Giuseppe Cesari anvertraut, bekannt als Cavalier d'Arpino (1568-1640), der die 65 Vorlagen zeichnete; das Bild innerhalb der Laterne wurde von Ranuccio Semprevivo zwischen 1603 und 1604 ausgeführt.

Die hl. Helena

Detail der Baldachinsäule und Balkon der hl. Helena

An den vier Pfeilern brachte Bernini, der von 1628 bis 1639 daran arbeitete, im Auftrag Urbans VIII. die vier reich dekorierten Reliquien-Balkons an. Im oberen Teil vier Engel, von denen zwei eine Kartusche halten; im unteren Teil bilden zwei Lisenen außen den Rahmen für zwei gewundene Säulen, die aus dem Ziborium der alten Basilika stammen, im Mittelpunkt dann ein Basrelief aus Marmor, das sich von der jeweils

Die hl. Veronika

Der hl. Longinus

gezeigten Reliquie inspirieren lässt. Die Statuen stellen die hl. Helena dar, 1646 gemeißelt von Andrea Bolgi, dessen Signatur auf dem Sockel und am Rand des Gewandes zu sehen ist; die hl. Veronika, ein Werk von Francesco Mochi, ebenfalls auf dem Sockel signiert;

den hl. Longinus, gemeißelt von Bernini selbst und die Statue des hl. Andreas, ausgeführt von François Duquenoy. Diese Reliquie wurde 1966 von Paul VI. der Stadt Patras geschenkt, in der der heilige Andreas starb.

Der hl. Andreas

Das rechte Seitenschiff

Zurückkehrend zum Eingang finden wir die Kapelle der Pietà gleich hinter der Porta Sancta, über der sich ein Mosaik mit einem Rahmen aus sizilianischem Jaspismarmor befindet und das Petrus mit den Schlüsseln und dem Buch zeigt. Realisiert wurde es von Fabio Cristofari nach einem Entwurf von Ciro Ferri.

Michelangelo schuf die Pietà als knapp 25jähriger aus einem Block Carrara-Marmor zwischen 1498 und 1499 für das Grabmal des Kardinals Jean Bilhéres de Lagraulas, Botschafter Karls VIII. bei Alexander VI. Sie hatte verschiedene Standorte, bis Benedikt XIV. Lambertini 1749 anordnete, sie dort aufzustellen, wo wir sie jetzt sehen. Der elliptische Marmorsockel ist ein Werk des Borromini. Eine Kuriosität an dieser Statue ist die Signatur auf dem Brustgürtel. Sie ist die einzige Statue, die Michelangelo signierte, denn er war noch unbekannt, als die Statue dem Publikum vorgestellt wurde, und abseits von der Menge stehend hörte er die Kommentare, die das Werk Cristoforo Solari zuschrieben.

Am 20 Mai 1971 wurde sie von einem Geistesgestörten mit Hammerschlägen beschädigt, und seit der Restaurierung ist sie durch Glas geschützt.

Erinnerungsmal für Christine von Schweden.

Links weitergehend, sehen wir das Erinnerungsmal für Christine von Schweden aus vergoldeter Bronze, ein Werk Carlo Fontanas (1634-1714). Die drei Reliefs stellen Christine dar, die auf den schwedischen Thron verzichtet, um zum Katholizismus überzutreten; die Verachtung des Adels (rechts); der Glaube siegt über die Ketzerei (links). Ihr Grab befindet sich in den vatikanischen Grotten.

Gegenüber die Statue Leos XII. della Genga (1823-1829), ein Werk von Giuseppe de Fabris (1790-1860); die Tür führt zur Kapelle der Reliquien oder des Kruzifix, denn sie enthält ein Holzkruzifix, das dem römischen Künstler Pietro Cavallini aus dem 13. Jahrhundert zugeschrieben wird.

Jetzt gelangen wir zur Kapelle des Hl. Sebastian, so benannt nach dem Altarmosaik, ausgeführt von Pier Paolo Cristofari nach einem Entwurf von Domenico Zampieri genannt Domenichino (1581-1641). In der Kristallurne werden die sterblichen Reste von Innozenz XI. (1676-1689) aufbewahrt. Die beiden Statuen sind modern: diejenige Pius' XI. (1922-39) wurde 1949 von Francesco Nagni ausgeführt; diejenige Pius' XII. (1939-58) ist ein Werk Francesco Messinas, der sie 1964 ausführte.

Der hl. Sebastian

Pius XI.

Pius XII.

Weitergehend sehen wir das Mausoleum der Mathilde von Canossa, die Papst Gregor VII. gegen Kaiser Heinrich IV. unterstützte. Bernini, der die Statue persönlich meißelte, griff auf den Beitrag zahlreicher Mitarbeiter zurück: Agostino Radi und Alessandro Loreti, die sie architektonisch entwarfen; Giuseppe Balsimelli und Niccolò Sale, die Statue skizzierten. Das Basrelief stellt Heinrich IV. dar, wie er vor dem Papst am 28. Januar 1077 niederkniet, nachdem er drei Tage und drei Nächte gewartet hatte; ausgeführt wurde es von Stefano Speranza. Die Putten sind ein Werk von Bolgi (links) und Luigi Bernini, Bruder von Gian Lorenzo (rechts). Die Putten mit der Krone und dem Wappen wurden von Matteo Bonarelli, Lorenzo Flori und Andrea Bolgi (1605-1656) ausgeführt.

Gegenüber das barocke Grabmal Innozenz' XII. (1691-1700), ein Werk aus dem Jahr 1746 von Francesco Della Valle und Ferdinando Fuga. Die beiden allegorischen Gestalten stellen die Gerechtigkeit und die Barmherzigkeit (links) dar.

Allegorie der Barmherzigkeit

Jetzt betreten wir die Sakramentskapelle mit dem sehr schönen Gitter davor nach einem Entwurf von Francesco Borromini (1599-1667). Die Stuckdekorationen des Gewölbes stellen Episoden aus dem Alten und Neuen Testament dar und sind ein Werk Giovan Battista Riccis nach Entwürfen von Pietro Berrettini genannt Da Cortona (1596-1669). Dieser Künstler ist auch der Autor des Altarbildes der Heiligen Dreifaltigkeit, des einzigen Gemäldes im Petersdom.

Altar der Kapelle der Sakramentskapelle

Detail des Tabernakels

Gewölbe der Sakramentskapelle

Tabernakel von Bernini

Auf dem Altar kann man das von Bernini entworfene Tabernakel aus vergoldeter Bronze mit zwei Engeln an den Seiten bewundern, das sich vom Tempietto des Bramante in San Pietro in Montorio inspirieren ließ. Das Mosaik an der rechten Wand zeigt die Verzückung des Hl. Franziskus von Domenichino.

Detail der Gewölbestukkaturen

Grab Gregors XIII.

Gregor XIII. (Detail)

Weitergehend sehen wir rechts das Grab Gregors XIII. (1572-1585) mit den Statuen der Religion, die in der einen Hand die Bibel hält und in der anderen eine Tafel mit der Aufschrift «Ich kenne seine Werke und seinen Glauben». Die andere stellt die Standhaftigkeit dar und hat das Aussehen einer Minerva, die den Vorhang hebt, um ein Basrelief zu zeigen, auf dem an seine Kalenderreform erinnert wird, der den vorhergehenden Kalender Julius Cäsars vom 4. auf den 15. Oktober verschob. Der geflügelte Drache ist das Wappentier der Boncompagni. Die Skulpturen sind ein Werk Camillo Rusconis (1658-1728) und das Basrelief wurde von Carlo Francesco Mellone ausgeführt.

Altar des hl. Hieronymus

Zu Beginn der Vierung befinden wir uns in dem Teil der Basilika, die nach dem Projekt Bramantes und Michelangelos erbaut wurde. Das Seitenschiff wird durch den Altar des hl. Hieronymus abgeschlossen, wo als Mosaik das berühmte Bild Domenichinos reproduziert ist, auf dem der Heilige seine letzte Kommunion empfängt und die hl. Paula im Begriff ist, seine Hand zu küssen. Unter dem Altar befindet sich sterbliche Hülle Johannes' XXIII., der selig gesprochen und am 4. Juni 2001 hierher gebracht wurde.

Madonna der immerwährenden Hilfe

Jetzt befinden wir uns in der Cappella Gregoriana, die von Michelangelo begonnen und von Vignola weitergeführt und nach dessen Tode 1573 von Giacomo Della Porta fertiggestellt wurde. An der Wand hinter dem Altar der Madonna der immerwährenden Hilfe, ein Fresko aus dem 12. Jahrhundert, das von eleganten Marmordekorationen und herrlichen Säulen aus afrikanischem Marmor eingerahmt wird, ein Werk von Girolamo Muziano (1528-1592). Das Fresko, das bereits in der ersten Basilika vorhanden war, wurde 1578 durch Gregor XIII. hierher verlegt, dem Papst, dem wir die Wahl der Mosaikumsetzung verdanken, die dem Fresko vorgezogen wurde. Rechts das Grabmal für Gregor XVI. Cappellari (1831-1846), 1854 von Luigi Amici geschaffen. Der andere Altar ist dem hl. Basilius dem Großen geweiht und stammt von Pietro Subleyras (1699-1749), wobei der Heilige beim Zelebrieren der Epiphanie-Messe von 732 dargestellt ist: er ist so in sich gekehrt, dass er nicht die Anwesenheit des Kaisers Valens bemerkt.

Grabmal für Gregor XVI.

Altar des hl. Basilius des Großen

Das rechte querschiff

Grabmal für Benedikt XIV.

Beim Übergang zum Querschiff steht rechts das Grabmal für Benedikt XIV. Lambertini von Pietro Bracci (1700-1733); von ihm stammt auch die allegorische Statue der Weisheit, während diejenige der Gelassenheit von seinem Schüler Gaspare Sibilia angefertigt wurde.

Im Querschiff, entlang der Apsiskrümmung, der Altar mit dem Mosaik des hl. Wenzeslaus, Königs von Böhmen, nach dem Gemälde von Cesare Caroselli; das Martyrium der heiligen Processus und Martinianus, den Kerkermeistern Petri im Mamertinischen Gefängnis, nach einer Zeichnung von Jean de Boulogne (1594-1632) genannt Giambologna; das Martyrium des hl. Erasmus von Nicolas Poussin (1594-1632). Das Gewölbe wurde von Luigi Vanvitelli mit Stuck dekoriert, den Giovan Battista Maini modellierte.

Der hl. Wenzelaus

Martyrium des hl. Erasmus

Martyrium der hll. Processus und Martinianus

Grabmal für Clemens XIII.

Nach dem Querschiff rechts das Grabmal für Clemens XIII. Rezzonico von Antonio Canova (1757-1822), der den klassizistischen Stil in die Peterskirche einführt. Links die Statue der Religion und rechts Der Genius des Todes, der die Lebensfackel auslöscht, und zu den Füßen zwei besonders realistische Löwen aus Travertin als Wache für das Grabmal: sie wurden am lebendigen Vorbild in der Residenz von Caserta studiert, wo sich zwei Exemplare befanden. Auf der Urne im Relief die Gestalten der Barmherzigkeit und der Hoffnung.

Der Genius des Todes

Altar der Navicella

Links der Altar der Navicella, das Boot, in dem Petrus auf dem See Genezareth zu versinken droht, nach dem Original von Giovanni Lanfranco 1720 von Pietro Paolo Cristofari in ein Mosaik umgesetzt.

Gewölbe der Kapelle des Erzengels Michael

Der Erzengel Michael

Die hl. Petronilla

Jetzt betritt man die Kapelle des Erzengels Michael, auf dem Altar das Mosaik nach dem Original von Guido Reni (1575-1642); auf dem Altar gegenüber die hl. Petronilla, ein Mosaik von Pier Paolo Cristofari nach dem Original von Giovan Francesco Barbieri genannt Guercino (1590-1666), das sich jetzt in der kapitolinischen Pinakothek befindet.

Petrus lässt Tabita wiederauferstehen

Detail der Stukkaturen
von Giovan Battista Maini

Im Übergang zur Apsis bemerken wir das Grabmal für Clemens X. Altieri, ausgeführt nach einem Entwurf von Mattia de' Rossi (1637-1695). Die Statue des Papstes wurde von Ercole Ferrata geschaffen; diejenige der Milde von Giuseppe Mazzuoli; die Statue der Wohltätigkeit (rechts) von Lazzaro Morelli. Auf dem Sockel ist das Öffnen der Heiligen Pforte im Jubeljahr 1675 von Leonardo Reti wiedergegeben. Der Tradition zufolge soll die Person, die den Mantel des Papstes hält, sein Neffe, der Kardinal Paluzzi, sein; während die kniende Person mit dem Tablett in den Händen de' Rossi selbst darstelle.

Links der Altar mit der Reproduktion eines Bildes von Placido Costanzi (1702-1759): Petrus lässt Tabita wiederauferstehen.

Die Apsis

Die Apsis

Die bemerkenswerte barocke Phantasie von Gian Lorenzo Bernini liefert hier einen Beweis ihrer Bühnenbildhaftigkeit. Alexander VII. gab ihm den Auftrag, ein Monument zu errichten, das einen alten Holzstuhl mit Elfenbeineinlagen hervorheben sollte, von dem die Legende erzählte, er habe Petrus gehört, als er in Rom predigte. In Wirklichkeit handelt es sich um einen Thron aus dem 9. Jahrhundert, von dem man annimmt, Karl der Kahle habe ihn nach Rom gebracht, als er in der Basilika von Johannes VIII. 875 gekrönt wurde. Und so entwarf Bernini einen Schrein für diesen Stuhl. Die feierliche Aufstellung erfolgte am 17. Januar 1666.

Die Cathedra Petri

Die Kirchenväter der lateinischen und griechischen Kirche

Die Übergabe der Schlüssel

Die Kreuzigung des Apostels Petrus

Die 5,35 m hohen Statuen aus vergoldeter Bronze stellen die Kirchenväter dar: innen diejenigen der griechischen Kirche - Athanasius und Johannes Chrysostomos; außen diejenigen der lateinischen Kirche - Ambrosius und Augustinus. Über der Cathedra Petri halten zwei Engel die Tiara und die Schlüssel, die Symbole der päpstlichen Autorität. Das Ganze wird beherrscht durch die phantastische Glorie aus vergoldetem Stuck, wo sich Engel und Putten in den Wolken zeigen und den Rahmen für die Alabasterscheibe mit der Taube bilden, dem Symbol des Heiligen Geistes. Diese Symbolik drückt ein theologisches Konzept aus: Die Ost- und die Westkirche sind in der Katholischen Kirche vereinigt, und beide verehren den Stuhl Petri. Das Gewölbe ist dekoriert mit Stuckarbeiten, die Vanvitelli entworfen hat. Ausgeführt wurden sie von Giovan Battista Maini: in den drei Medaillons sind die Übergabe der Schlüssel, die Kreuzigung Petri und die Enthauptung des Apostels Paulus dargestellt.

Die Glorie und der Heilige Geist

Rechts befindet sich das Grabmal Urbans VIII. Barberini (1623-1644) aus Bronze mit Goldschattierungen, das Bernini 1627 entwarf und 1646 fertigstellte. Über dem Sarkophag ist der Tod dargestellt, während er auf ein Pergament den Namen des Papstes und auf Blätter darunter die Initialen der Päpste schreibt, die ihm vorangingen: G für Gregor XV. und ein blasseres P. für Paul V. An den Seiten aus Carrara-Marmor die Gerechtigkeit (rechts) und die Barmherzigkeit.

Allegorie der Gerechtigkeit

Allegorie der Barmherzigkeit

Das andere Grabmal ist dasjenige für Paul III. (1534-1549), das erste, das in der Peterskirche errichtet und von Guglielmo Della Porta (1515-1577) entworfen wurde. Den Auftrag erteilte der Neffe, der Kardinal Alessandro Farnese. Anfangs sah der Entwurf acht Statuen vor, aber es wurden nur vier fertiggestellt, und zwei davon endeten im Palazzo Farnese. Die beiden Statuen stellen die Gerechtigkeit und die Klugheit dar.

Es heißt, die erste stelle die Schwester des Papstes dar, Giulia Farnese, deren Akt später im Jahr 1595 auf Geheiß Clemens' VIII. durch einen Mantel aus Metall bedeckt wurde; die zweite stelle die Mutter dar, Giovanella Caetani. Das architektonische Schema nimmt dasjenige der Mediceer-Grabmale von Michelangelo in der florentiner Kirche San Lorenzo wieder auf.

Allegorien der Gerechtigkeit und der Klugheit

Im folgenden Durchgang befindet sich das Grabmal für Alexander VIII. Ottoboni (1689-1691) nach einem Entwurf von Arrigo di San Martino und in Bronze ausgeführt von Giuseppe Bertosi; die Statuen der Religion und der Klugheit stammen von Angelo de Rossi und das Basrelief stellt die Heiligsprechung von fünf Heiligen dar.

Petrus heilt den Lahmen

Marmorbild Leos des Großen

Jetzt befinden wir uns in der Cappella della Colonna und sehen rechts den Altar mit den Reliquien Leos des Großen (440-461) und dem großartigen, von Alessandro Algardi (1602-1656) ausgeführten Marmorbild, das den Papst bei der Begegnung mit dem Hunnenkönig Attila darstellt. Das Werk entstand aus fünf Marmorblöcken.

Madonna von der Säule

Der Altar der Madonna von der Säule erhält seinen Namen von einem Marienfresko, das auf einer Säule der alten Basilika aufgemalt ist. Paul V. ließ sie 1606 hierherbringen, und Paul VI. gab ihr zum Abschluss der dritten Sitzung des II. Vatikanischen Konzils den Titel «Mater Ecclesiae». Johannes Paul II. ließ eine Kopie davon außen am Vatikanischen Palast anbringen.

Im Übergang zum Querschiff das Grab Alexanders VII. Chigi (1655-1667), das den Papst im Gebet zeigt, während der Tod plötzlich mit der Sanduhr erscheint, um das Ablaufen der Lebenszeit zu verkünden. Der Kopf wurde von Bernini gemeißelt; die Statuen im Vordergrund, die Barmherzigkeit und die Wahrheit, stammen von Giuseppe Mazzuoli und Lazzaro Morelli. Im Hintergrund die Klugheit und die Gerechtigkeit, ausgeführt von Giulio Cartari und L. Balestri. Links der Altar mit dem Heiligen Herzen Jesu von Carlo Muccioli.

Grab Alexanders VII.

Die Barmherzigkeit
und die Wahrheit

Detail vom Grab Alexanders VII.

Die Wahrheit und die Gerechtigkeit

Heiliges Herz Jesu

Die Sanduhr und die Barmherzigkeit

Das linke Querschiff

Die Ungläubigkeit des hl. Thomas

Der hl. Joseph

Die Kreuzigung des hl. Petrus

Die Bestrafung der Saphira

ER TIBI PETRE IESVS D
PIVS · VII · P · M

Die drei Altäre stellen angefangen von rechts die Ungläubigkeit des hl. Thomas von Vincenzo Camuccini, den hl. Joseph von Achille Funi, die Kreuzigung des hl. Petrus nach dem Original von Guido Reni dar. Rechts das Grabmal für Pius VIII. Castiglioni (1820-1823), ein Werk Pietro Teneranis (1789-1869), unterhalb dessen sich eine Tür öffnet, die zur Sakristei und zum Domschatz führt.

Auf dem Altar links die Bestrafung der Saphira nach dem Gemälde von Cristoforo Roncalli genannt Pomarancio (1552-1626), das in der Kirche Santa Maria degli Angeli in Rom aufbewahrt ist.

Jetzt befinden wir uns in der Cappella Clementina, nach Papst Clemens VIII. Aldobrandini, dessen Wappen in der Mitte im Fußboden eingelassen ist. Sie wurde von Michelangelo begonnen und von Giacomo Della Porta (1540-1602) zum Jubeljahr 1600 fertiggestellt.

Grabmal für Pius VIII.

Detail vom Grabmal für Pius VIII.

Daran arbeitete auch Borromini, wie einige Briefe aus dem Dombauarchiv bezeugen, in denen er darum bittet, für die Arbeiten bezahlt zu werden, die von ihm und dem Gießer Ambrogio Lucenti ausgeführt wurden.

Sakristei.
Liste der im Petersdom begrabenen Päpste

Der Altar ist Gregor dem Großen (590-604) geweiht, dessen sterbliche Hülle in einem Sarkophag unter dem Altar aufbewahrt ist. Diesem Papst verdanken wir den gregorianischen Gesang und die Evangelisierung Englands. Das Mosaik reproduziert ein Gemälde, das Andrea Sacchi (1599-1661) 1625 gemalt hat. Einige Fürsten hatten Papst Gregor um wertvolle Reliquien gebeten, der ihnen ein Stück Stoff übergab, das bei den Reliquien lag. Diese sahen es als etwas Wertloses an und gaben es empört zurück. Gregor betete zunächst und berührte dann damit Reliquien von Märtyrern, wobei der Stoff mit Blut getränkt wurde.

Die Mosaiken der Kuppel wurden von Marcello Provenzale und Paolo Rossetti nach Entwürfen von Pomarancio ausgeführt.

Der hl. Leo der Große

In die linke Wand ist das Grabmal für Pius VII. Chiaramonti (1800-1823) eingefügt, ein Werk des dänischen Bildhauers Bertel Thorvaldsen (1770-1844). Dieser Auftrag weckte Mißstimmungen: sowohl, weil er Ausländer war, als vor allem, weil er Protestant war. Die allegorischen Statuen stellen den Genius der Zeit und der Geschichte dar; die Standhaftigkeit, bedeckt mit einem Löwenfell, und die Weisheit mit dem Buch und der Eule.

Grabmal für Pius VII.

Allegorie der Standhaftigkeit
und der Genius der Geschichte

Grabmal für Pius VII.:
Die allegorischen
Darstellungen des Genius
der Zeit und der Weisheit mit
dem Buch und der Eule

Detail der
Gewölbestukkaturen

Detail der
Gewölbestukka-
turen im
Querschiff

Linkes Seitenschiff

Auf dem Altar links die Mosaikumsetzung der Verklärung Christi von Raffael (1483-1520), seinem letzten Werk. Der Künstler stellt zwei in den Evangelien von Markus und Matthäus erzählte Episoden dar: die Verklärung Christi auf dem Berg Tabor und die Heilung des vom Dämonen besessenen Kindes.

Leo XI.

Zu Beginn des Seitenschiffs rechts das Grabmal für Leo XI. de' Medici von Alessandro Algardi (1595-1654), der die Statue des Papstes ausführte und das Basrelief der Urne schuf; die Figur der Hochherzigkeit ist von Ercole Ferrata; diejenige der Großzügigkeit, die Gold und Juwelen aus einem Füllhorn gießt, ist von Giuseppe Peroni. Die Aufschrift auf der Kartusche in einem Strauß Rosen, «Sic Florvi» - so habe ich geblüht, spielt auf die Kürze seines Pontifikats an, daß nur 27 Tage dauerte.

Innozenz XI.

Links das Grabmal für Innozenz XI. Odescalchi (1676-1689), ein Werk des französischen Bildhauers Stefano Monnot, dessen Signatur sich auf dem Schild befindet. An den Seiten die Allegorien des Glaubens und der Gerechtigkeit; auf dem Basrelief von Giovanni Sobiesky wird an die Niederlage der Türken vor Wien 1683 erinnert: ein Unternehmen, zu dem der Papst seinen Beitrag leistete. Der Entwurf des Ganzen stammt von Carlo Maratta (1625-1713).

Mit der Chorkapelle beginnt die dreischiffige Basilika nach dem Projekt Madernos. Die Stuckarbeiten wurden von Giovan Battista Ricci ausgeführt, während das Altarmosaik mit der von Engeln umgebenen Unbefleckten Jungfrau und mit den hll. Franziskus, Antonius von Padua und Johannes Chrysostomos nach einem Gemälde von Pietro Bianchi (1694-1740) entstanden ist.

Die Chorkapelle

Der von Urban VIII. beauftragte Holzchor wurde unter Leitung von Maderno ausgeführt. Das elegante Gitter ist ein Werk Borrominis, der am 9. September 1628 auf der Zahlungsquittung zum ersten Mal mit diesem Namen unterzeichnete, statt mit seinem wirklichen Namen Francesco Castelli.

Die Unbefleckte Jungfrau

Detail der Gewölbestukkaturen

Detail der Stukkaturen und der Barockorgel

Im Übergang zwischen dieser Kapelle und der nächsten sehen wir rechts das Denkmal für den hl. Pius X. (1904-1914), entworfen vom Architekten Florestano Di Fausto und ausgeführt von Pier Enrico Astorri im Jahr 1923.

Denkmal für den hl. Pius X.

Detail der Bronzereliefs

Links das Grabmal für Innozenz VIII. Cybo (1484-1492), ein Werk Antonio Pollaiuolos (1431-1498), das bereits in der alten Basilika stand und 1619 hier aufgestellt wurde.

Der Papst erteilt den Segen und hält in der linken Hand die Lanze des Longinus, die ihm vom Sultan Bajazet II. geschenkte Reliquie. An den Seiten sind die vier Kardinaltugenden dargestellt: Klugheit, Gerechtigkeit, Tapferkeit und Mäßigkeit. In der Lünette oben die theologischen Tugenden: Glaube, Hoffnung und Liebe. Ursprünglich war der Sarkophag oben aufgestellt.

Grabmal für Innozenz VIII.

Innozenz VIII.
(Detail)

Es folgt die Cappella della Presentazione nach dem Gemälde von Giovan Francesco Romanelli mit dem Tempelgang Mariä. Unter dem Altar liegt aufgebahrt der Leichnam des hl. Pius X. Die Kapelle ist mit Mosaiken nach Entwürfen von Carlo Maratta dekoriert. Rechts das Bronzedenkmal für Johannes XXIII. Roncalli (1958-1963), ein Werk von Emilio Greco, der den Papst bei einem Besuch im Gefängnis Regina Coeli darstellt. Links das Denkmal für Benedikt XV. Della Chiesa (1914-1922), ausgeführt von Pietro Canonica (1869-1959), von dem auch das Basrelief stammt, auf dem der Papst die göttliche Barmherzigkeit angesichts der Schrecken des Krieges erfleht und Jesus, der Fürst des Friedens, von Maria der Welt in Flammen präsentiert wird.

Tempelgang Mariä

Denkmal für Johannes XXIII.

Denkmal für Benedikt XV.

Denkmal für Maria Clementina Sobiesky

Weiter rechts das Denkmal für Maria Clementina Sobiesky (1702-1735), Nichte Johannes' II., Königs von Polen, die in Rom starb. 1719 heiratete sie Jakob III. Stuart, den Thronprätendenten Englands. Der Entwurf wurde von Filippo Barigioni ausgeführt, und die Statue der Barmherzigkeit ist ein Werk Pietro Braccis; das Originalporträt stammt von Ludovico Stern und wurde als Mosaik von Pietro Paolo Cristofari ausgeführt.

Porträt von Clementina und Allegorie der Barmherzigkeit

Gegenüber die Grabstele des Denkmals für die Stuarts, ausgeführt von Antonio Canova; sie stellt Jakob III. mit den Söhnen Karl Eduard, Graf von Albany, und den Kardinal Heinrich Benedikt, Herzog von York, Bischof von Frascati und Erzpriester der Basilika Sankt Peter dar.

Jakob III. Kardinal Heinrich Benedikt Karl Eduard

Details der geflügelten Genien

Die Taufkapelle

Die letzte Kapelle ist die von Carlo Fontana (1634-1714) entworfene Taufkapelle mit dem Taufbecken in der Mitte aus rotem Porphyr, der vom Deckel des Sarkophags für Otto II. stammt, der 983 in Rom starb und in der alten Basilika begraben wurde. Die Bronzedeckel wurde von Fontana entworfen und von Giovanni Giaridini ausgeführt. Das Altarbild, die Taufe Jesu durch Johannes den Täufer, ist die Umsetzung eines Gemäldes von Carlo Maratta. Rechts ein Mosaik von Andrea Procaccini aus dem Jahr 1711 mit dem hl. Petrus, der den Centurio Cornelius tauft; links Petrus, der Processus und Martinianus tauft, nach einem Gemälde von Giuseppe Passeri.

Vor der Kapelle auf dem Fußboden das Wappen Johannes Paul II., das am 16. Oktober 1994 eingelassen wurde.

Detail eines der beiden Engel mit der Erdkugel und die Dreieinigkeit

Die vatikanischen Grotten

Grabmal Bonifaz VIII

Die Grotten erstrecken sich in einer Tiefe von drei Metern unterhalb des Papstaltars bis etwa zur Hälfte des Mittelschiffs, und entsprechen dem Niveau der vorherigen Konstantins-Basilika. Sie verzweigen sich in Nischen, Korridore, Kapellen und Grabmäler; hier ist auch die Peterskapelle, unterhalb derer in der unterirdischen Nekropole das Grab des Apostels liegt.

Die Grotten beherbergen nicht nur die Gräber zahlreicher Päpste, sondern auch historische Erinnerungen sowie unzählige Kunstwerke aus der antiken Basilika und aus der Nekropole.

Unter den verschiedenen Päpsten und historischen Persönlichkeiten, die den Wunsch äußerten, in der Nähe des Apostelgrabes begraben zu werden, können wir erinnern an: Gregor V. (996-999), Kaiser Otto III. (gestorben 983 in Rom), Hadrian IV. (1154-1159), der einzige englische Papst; Bonifaz VIII. (1294-1303), der das erste Heilige Jahr proklamierte; Pius VI., der als Gefangener der Franzosen 1779 starb; Jakob III. Stuart und seine Söhne; Christine von Schweden (1626-1689).

Die letzten hier begrabenen Päpste sind: Benedikt XV., Pius XI. und Pius XII.; Johannes XXIII. wurde unter den Altar des Heiligen Hieronymus überführt; Paul VI., Johannes Paul I. und Johannes Paul II.

Grabmal Calixtus' III.

Grab Benedikts XV.

Grab Johannes Pauls II.

Grabmal Pius' VI.
Begonnen von Antonio Canova
und beendet von Adamo Tadolini

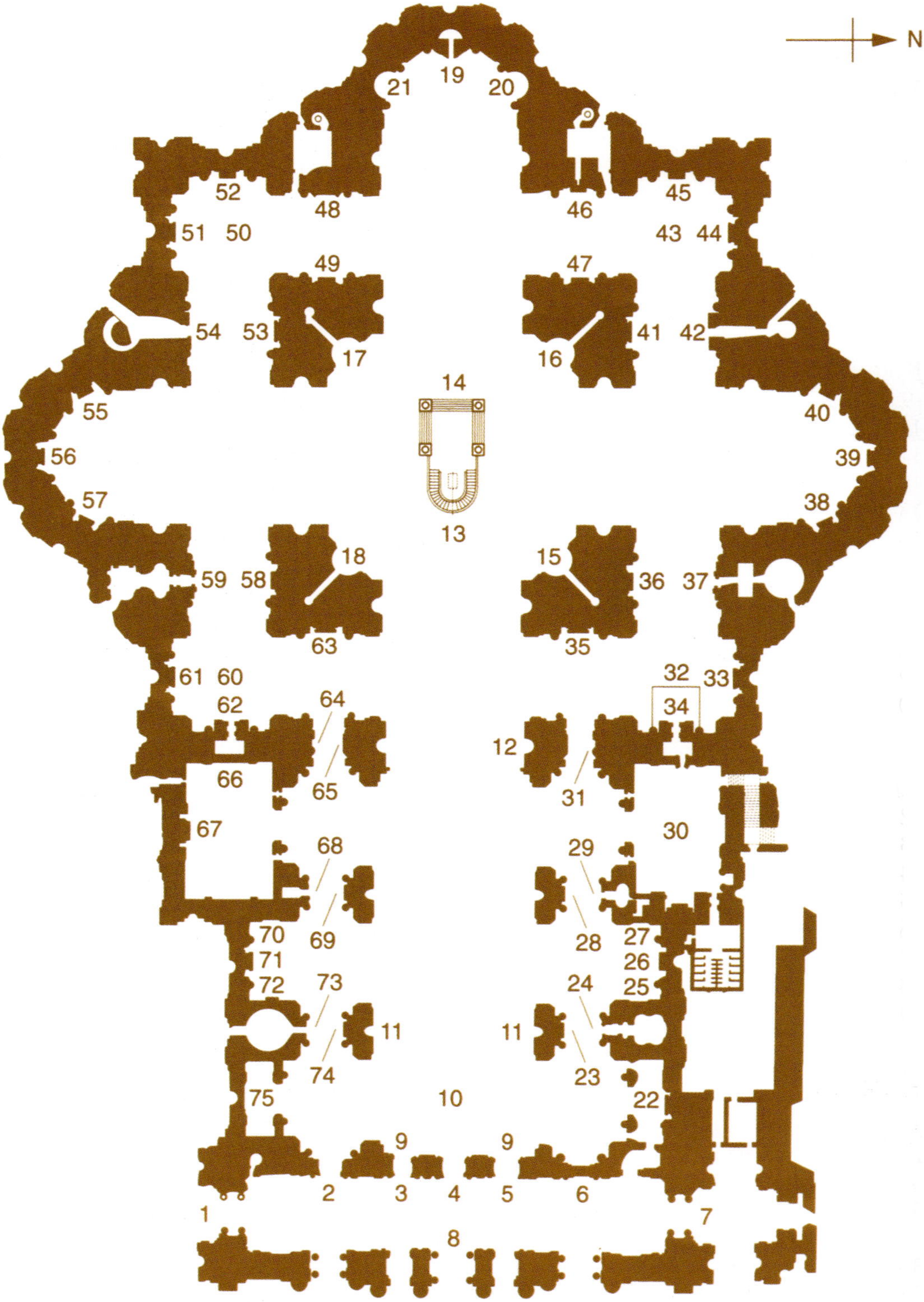
N
19
21
20
52
48
46
45
51
50
43
44
49
47
54
53
17
16
41
42
14
55
40
56
39
57
38
13
18
15
59
58
36
37
63
35
61
60
32
33
62
64
34
12
66
65
31
67
68
30
29
69
28
70
71
27
26
72
73
24
25
11
11
74
23
75
10
22
9
9
2
3
4
5
6
1
7
8

Grundriss des Petersdoms

Vorhalle

1 Statue Karls des Großen
2 Tür des Todes
3 Tür des Guten und des Bösen
4 Filarete.Tür
5 Tür der sieben Sakramente
6 Porta Sancta
7 Statue Konstantins
8 Mosaik der Navicella

Mittelschiff

9 Uhren
10 Rota Porphyretica
11 Weihwasserbecken
12 Bronzestatue des hl. Petrus
13 Confessio
14 Papstaltar und Baldachin
15 Pfeiler des hl. Longinus
16 Pfeiler der hl. Helena
17 Pfeiler der Veronika
18 Pfeiler des hl. Andreas
19 Cathedra Petri und Glorie
20 Grabmal Urbans VIII.
21 Grabmal Pauls III.

Rechtes Seitenschiff

22 Kapelle der Pietà
23 Denkmal für Christine von Schweden
24 Statue Leos XII.
25 Statue Pius XI.
26 Kapelle des hl. Sebastian
27 Statue Pius XII.
28 Mausoleum der Mathilde von Canossa
29 Grabmal Innozenz XII.
30 Sakramentskapelle
31 Grab Gregors XIII.

Wandelgang und rechter Arm des Querschiffs

32 Cappella Gregoriana
33 Altar der Madonna der immerwährenden Hilfe
34 Grabmal für Gregor XVI.
35 Altar des hl. Hieronymus
36 Altar des hl. Basilius
37 Grabmal für Benedikt XIV.
38 Altar des hl. Wenzeslaus
39 Altar der hll. Processus und Martinianus
40 Altar des hl. Erasmus
41 Altar der Navicella
42 Grabmal für Clemens XIII.
43 Kapelle des Erzengels Michael
44 Altar des Erzengels Michael
45 Altar der hl. Petronilla
46 Grabmal für Clemens X.
47 Altar des hl. Petrus, der Tabita wiederauferstehen läßt

Wandelgang und linker Arm des Querschiffs

48 Grabmal für Alexander VIII.
49 Altar des hl. Petrus, der den Lahmen heilt
50 Cappella della Colonna
51 Altar der Madonna della Colonna
52 Altar Leos des Großen
53 Altar mit dem Heiligen Herzen Jesu
54 Grab Alexanders VII.
55 Altar des hl. Thomas
56 Altar des hl. Joseph
57 Altar der Kreuzigung des hl. Petrus
58 Altar der Bestrafung der Saphira
59 Grabmal für Pius VIII.
60 Cappella Clementina
61 Altar des hl. Gregor des Großen
62 Grabmal für Pius VII.
63 Altar der Verklärung Christi

Linkes Seitenschiff

64 Grabmal für Leo XI.
65 Grabmal für Innozenz XI.
66 Chorkapelle
67 Altar der Unbefleckten Jungfrau
68 Denkmal für Pius X.
69 Grabmal für Innozenz VIII.
70 Denkmal für Johannes XXIII.
71 Cappella della Presentazione
72 Denkmal für Benedikt XV.
73 Denkmal für Maria Sobiesky
74 Denkmal für die Stuarts
75 Taufkapelle

Foto: Emanuela Foschini